Erotik-Serie
Band 1 Teuflische Lust

Copyrigth by Verlag Engelbert Rausch
Autorin Sylvia Kosanke

1

Sieglinde sitzt zu Hause und ist rundum zufrieden mit sich und der Welt, sie schüttet sich ein Gläschen Sekt ein und lässt diesen in ganz kleinen Schlückchen genussvoll über ihre wunderschön geformten Lippen laufen. Ganz langsam läuft dieser tropfenweise durch ihren hübschen Mund, der eingerahmt ist von wunderschönen schneeweißen Zähnen, bis dieser dann in die zarte Kehle fließt. „ Mein Gott", denkt sie, es ist so als wenn ein Engel mir über die Zunge macht. Sie nimmt eine der Austern vom Teller und schlürft diese über die Spuren des Sekts herunter und trinkt einen kleinen Schluck nach der Auster. Sie wird dabei benetzt von leiser sinniger Musik aus dem Radio. Alle Gedanken an ihre Firma, die Aufträge die Sorgen verwischen völlig in diesen Gefühlen. Ein Gefühl von Glück, ein Wohlgefühl durchströmt ihren Körper. Das Feuer des Kamins knistert und sendet zusätzlich wohltuende Wärme heiße Impulse in den zarten Körper. Sie liegt dort lang ausgestreckt auf dem schneeweißen kühlen Ledersofa, bekleidet mit einer wunderschönen Unterwäsche. Ihre kleinen festen Brüste schauen wie kleine wohlgeformte Zitronen aus dem verwegen locker offenen zart roten BH. Die kleinen ganz stramm gewordenen Knospen haben sich durch die Öffnung in der Mitte des winzigen BH,s gedrängt. Von diesem Allgemeinen Wohlgefühl genährt haben sich die so schon strammen Brüste steil aufgerichtet.

Die wunderschönen kleinen Nippel stehen, wie kleine zarte Mini Kerzen im ebenfalls etwas erregten aufgeblasenen Vorhof der Brust. Sieglinde nippt nochmals am Sektglas, sie spürt was sich da in ihr entwickelt. Eine Wollust eine herrliche wohltuende Wollust. Sie ist allein, sie ist gern alleine, genießt das allein sein. Das Bild ihres Mannes hat sie im Augenblick verdrängt. Sie hat heute andere Gedanken, andere Sehnsüchte. Sie sehnt sich schon länger nach etwas besonderem, dem Körper einer Frau. Einer bestimmten Frau, die ihr immer wieder den Atem raubt, wenn diese durch ihr Büro schwebt. Sie liebt ihren Mann, aber die Sehnsucht nach diesem Frauenkörper überrollt sie in letzter Zeit einfach. Der Gedanke und der Wunsch diese Frau in ihren Armen zu halten wird immer stärker. Sieglinde hat nie einen Wunsch eine Sehnsucht nach Frauen verspürt, bis im letzten Jahr. Als diese Frau in ihrer Firma auftauchte. Noch nie hat sie bis dahin das Gefühl gehabt eine Frau zu Küssen, zu fühlen zu spüren zu wollen. Das Leben, das Sex Leben mit ihrem Mann ist so einseitig geworden, so ohne die richtige Lust und Schwung so ohne das letzte Erlebnis. Wenn sie an diese Frau denkt dann überkommt sie die Lust, das wilde Verlangen nach diesem Körper überkommt sie dann sofort. Sie möchte sich ihr die Kleidung vom Körper reißen und die Lady ihrer Sehnsüchte über ihren Schreibtisch legen. Ihr zärtlich spielend zwischen die Beine greifen, ihre Brüste Küssen und von ihr das unbändige Verlangen nach ihr zu zeigen. Ihr alles geben, ihr Verlangen Spüren und ihr alles nehmen und geben. Sie sehnt sich nach diesem Verlangen, sehnt sich nach dem Verlangen dieser Frau. Sie möchte, dass diese Frau sie Sieglinde bedingungslos will, verlangt und braucht. Sie will, dass diese Frau verrückt nach ihr ist, nach ihr, nach Sieglinde. Sie stellt das Glas Sekt auf den kleinen Tisch neben ihrer bequemen Liege.

3

Sie spürt die Wärme die durch ihren Körper und ihren Unterleib strömt. Sie fühlt zärtlich mit der Hand, streichelt ganz vorsichtig über den kleinen sich regenden feuchten Kern der so stramm geworden ist, wie die Spitzen ihrer schönen Brüste. Nur leises stöhnen kommt aus ihrem knallroten zarten Mund. Ihre Finger werden feucht, sie führt diese zum Mund und küsst diese wieder trocken und befeuchtet diese wieder auf ein Neues streichelt. Mit der Rechten streichelt sie die wie Stahlschrauben stehenden Spitzen ihrer Brüste. Sie zergeht vor Wonne auf ihrer Liege. Im lieblichen Rhythmus der Musik und im Wohlgefallen ihrer Sinne schwebt sie in ihrer Erregung dahin. Scheint zu schmelzen, regelrecht dahin zu fließen. Sie greift nach dem kleinen Stab und beginnt damit diesen im leisen wiegen der Sinne ganz langsam und zart an ihre Scham zu führen. Die Scham bäumt sich auf und verfestigt sich. Die weichen zarten Seiten die Schamlippen und deren Umgebung werden ebenfalls immer fester und schwellen leicht. Vorsichtig stellt Sieglinde die Schwingungen des Stabes auf Ihre Sinne ein. Sie lässt den Stab seicht und ganz locker über ihre Brustwarzen gleiten. Führt diesen dann immer wieder leicht über ihren wunderschönen Körper gleitend hinunter in die Scham und bäumt sich auf vor Erregung. Sieglinde weis das jeder so erregte Frauenkörper wunderschön ist. Liebe und Sex verleiht Schönheit und Jugend. Ihr Mann kommt ihr neben den Gedanken an dieses Weib in den Sinn. Sie spürt sein starkes kraftvolles Glied das glühend heiß in sie hinein fährt. Da sind auch wieder die Locken dieser Frau die sie umspülen, die dicken festen Brüste dieser Frau in die sie gerade ganz zart hinein beißen möchte. Diese streicheln möchte, ihre Scham Küssen möchte und gleichzeitig das stramme Glied ihres Mannes spüren möchte das die Gefühle dieses Erotikstabes um ein tausendfaches erhöhen würde.

4

Die Küsse dieser Frau auf ihrem Mund spüren möchte, in ihrer Scham spüren möchte. Was ist das Sieglinde, sie möchte Beides, den herrlichen Schwanz ihres Mannes spüren dessen Aufbäumen spüren in ihrem Geschlechtsteil. Die Küsse dieser Frau spüren und ihre Zunge in ihrer Scham spüren. Sie mit ihrer Zunge berühren und ihre Scham liebkosen, bis auch sie sich aufbäumt und Sieglinde ihre Geilheit und Verwegenheit spürt. Mitten in diesem geschehen, klingelt es an der Tür. Sie geht nicht, kann nicht, sie lässt die erlösende Explosion über sich ergehen. Sie ist eine Frau der alle Sinne davon fliegen, die völlig durcheinander ist. Sie zerfließt und vergisst das Läuten an der Tür für einige Zeit. Sie sackt in sich zusammen, fühlt sich so wie ein Reifen aus dem man die Luft gelassen hat. Sie spürt diese Wohltat und Erlösung von einem Irrsinn der Gefühle. Sie weiß, es wird niemals zur Erfüllung ihrer Träume kommen kann. Ihr Mann ist zu prüde für solche Dinge, glaubt sie. Sie steht auf und rafft alles zusammen, der Geruch von Sex und Sekt steht in ihrem Schlafzimmer. Sie liebt diese Gerüche in dem noch der Geruch eines Mannes fehlt. Sie ist verrückt nach dieser Frau aber eigentlich nach Beiden. Auch jetzt noch nach der Erlösung aus diesen Sehnsüchten ist dieses verlangen einfach wieder da. Dieses Gefühl hat sie wie sonst immer nicht von ihr losgelassen. Wie soll das gehen. Es quält sie schon seit Monaten. Sie versteht es nicht was da in ihr tobt. Sie liebt ihren Mann, sie möchte ihn dabei haben. Möchte erleben wie er den Sex den Körperlichen Niedergang die Sexhölle erlebt. So wie sie es heute wieder erleben konnte. Aber eben nur in ihren Träumen. Ist die Wirklichkeit so wie die Träume und Wünsche? Was ist, wenn ihr Mann sich in die andere verliebt. Was ist, wenn sie sich abwendet von ihrem Mann, wegen der anderen Frau. Sie vergräbt alles im weiteren Geschehen des Tages.

Es dauert sehr lange bis sie wieder in einen normalen Rhythmus kommt. Es klingelt nach einiger Zeit wieder. Sie hat sich aus Ihrer inneren Lage befreit sich ein Kleid übergeworfen und kann wieder unbesorgt die Tür öffnen. Der Bote ihrer Firma bringt ihr einige Unterlagen zum Unterschreiben, dies ist schnell erledigt. Sie setzt sich in den Garten. Sie will heute nicht mehr arbeiten, sie will in diesen für sie so schönen Träumen verweilen und noch bleiben. Diesen Zustand noch ein wenig genießen, diese Explosionen, diesen Wahnsinn. Ist es das was ihr gelegentlich zu fehlen scheint? Wie kann sie diese Lust, diese Gefühle besser steuern, wie kann sie ihren Mann in ihre Traumwelt einbinden. Gelingt es ihr, ihn in eine gemeinsame Traumwelt in gemeinsames Träumen einzubinden?. Sie wird es versuchen bei der nächsten Gelegenheit. Sie will versuchen in seine Traumwelt einzudringen. Jeder hat Träume und Wünsche, ganz sicher auch ihr Mann. Aber erst nimmt sie sich dies nur vor, sie will erst herausfinden was sie an dieser Frau so fasziniert so verrückt macht. Sie muss herausfinden warum es eine Frau ist von der sie träumt. Sie muss es erst wissen, erst dann kann sie ihren Mann mit einbeziehen, will sie ihn in diese wahnsinnigen Träume einbeziehen. Sie kommt nicht auf die geringste Idee hier etwas zu wollen was nicht in Ordnung ist. In bereits geführten kleineren Gesprächen hat sie von ihrem Mann erfahren können, dass er nicht so prüde ist wie er sich manchmal gibt. Er sagt dann immer wenn sie ihn auf einige verrückte Ideen anspricht: Richtig ist mein Schatz, richtig und gut ist alles das was uns Beiden im Leben und am Leiden und den Freuden der Liebe gemeinsam gefällt. Wir alleine müssen damit fertig werden, wir müssen wissen wie stark unsere Liebe ist. Ob diese Liebe einen wahnsinnigen Sex aushält. Wahnsinnig sicher nur für den der von Liebe und Sex keine Ahnung hat.

Diese Aussagen ihres Mannes in solchen Gesprächen machen ihr manchmal doch etwas Mut für ihre Träume. Etwas Verrücktes zu denken zu spüren und zu fühlen was nicht sein kann. Sie glaubt, das ihre große Liebe, einen solchen Sex leicht aushalten kann. Nach solchen Spielen und Gedanken und Erlösungsschüben besser drauf als zuvor. Es reicht für einige Tage, hebt ihr Arbeitsvermögen, ihre Liebe, ihre Leistung. Sie denkt freier und ist sicher und fröhlicher. Die Gedanken an diese Frau greifen wieder nach ihr, ohne das sie ein schlechtes Gewissen hat. Sie hat ihren Mann längst mit einbezogen das gibt ihr die gedankliche Freiheit so verrückt zu sein, ohne ihm weh zu tun und sich mit Vorwürfen zu belasten.

Am nächsten Morgen ruft sie diese junge Frau wieder in ihr Büro. Diese ist immer sehr fein aber lässig gekleidet. Schon als diese herein kommt in ihr Büro, geht ein leichtes zittern durch Sieglinde. Sie kann es selbst kaum glauben, sie wird unsicher beim Anblick dieser jungen Frau. Aber sie genießt diesen Blick, sie spürt, dass auch die junge Frau ähnlich fühlt. „ Bitte setzen Sie sich Fräulein Beate". „ Danke Frau Müller, was gibt es bitte". „ Wie gefällt es Ihnen bei uns, sind Sie mit Ihrer Arbeit zufrieden". „ Ja, sehr ich fühle mich hier in Ihrer Umgebung sehr wohl. Ich hatte noch nie eine so tolle Chefin". Beate spürt, dass ihre Chefin bewegt ist, sie kann es regelrecht knistern hören. Ihr ist es mit einem Schlag bewusst, dass sie ebenso fühlt wie ihre Chefin. Nie ist es ihr aufgefallen, sie fand ihre Chefin immer toll. Sie ist sich nicht sicher, was ist, wenn sie sich täuscht. Ihr scheint es so, dass ihre Chefin glücklich verheiratet ist. Die obersten beiden Knöpfe ihrer Bluse sind bei der nächsten Drehung ihres Oberkörpers offen.

Sie sieht sofort die Blicke ihrer Chefin auf ihren tollen Busen. Diese deutet die Offenheit von Beate richtig. Sie selbst hat bereits den Durchblick auf ihre herrlichen kleinen Brüste freier gestaltet. Sie hat sich mit einer Handbewegung von dem leichten Überwurf befreit der ihre im Gegensatz zu Beates großen Brüsten, die kleinen festen Zitronen verdeckt haben. Verräterisch haben sich die kleinen Spitzen in dem zarten BH aufgerichtet. Auch Beate lässt ihren Gefühlen freien Lauf. Man sieht ihre Erregung ebenfalls im BH bebt es, dort entwickelt sich ebenfalls etwas, eben nur größer als bei ihrer Chefin. Man kann die kleinen elektrischen Blitze sehen, spüren, fühlen. Sie sind beide so unruhig und können beide erleben wie sich ihre Welt verändert. Was ist Fräulein Beate, ich würde gern einmal so alleine für uns beide kochen und mich in aller Ruhe mit ihnen unterhalten. Mein Mann ist noch für einige Tage in den USA, hätten Sie Lust zu mir nach Hause zu kommen". „ Gern Frau Sieglinde", bei diesen Worten geht ein bestätigendes beben durch ihren Körper. Sie spürt regelrecht den zarten eleganten Körper der anderen in ihren Armen. Sieglinde steht auf und holt zwei Gläser und eine kleine Flasche roten Sekt, der immer in ihrem Kühlschrank lagert. Sie öffnet mit fahrigen Fingern die kleine Flasche. Komm las uns einen Schluck nehmen und lass uns Brüderschaft trinken". Beate richtet sich auf und kommt ein klein wenig ins taumeln. Es hat sie voll erwischt, dass ist ihr klar geworden. Mit wackligen Beinen aber glücklich geht sie auf Sieglinde zu. Diese bemerkt natürlich das dort eine Frau steht, eine wie sie sich diese erträumt hat. Hier scheint ein Traum wahr zu werden. Es scheint nicht alleine ihr Traum zu sein. Sie Beide scheinen den Anfang in eine gemeinsame Liebeswelt gefunden zu haben. „ Hier meine Liebe las uns Anstoßen und Brüderschaft trinken.

Die Gläser klingen wie kleine Glocken als diese halbvollen Gläser zusammen stoßen. Dann finden die Beiden Lippen ganz zart zusammen zu dem Bruderschaftskuss. In einer Zartheit die Beide noch nie verspürt haben. Sie sind mit dieser Berührung eins geworden ohne mehr zu tun als diese Zartheit zu genießen. Zwei klare glänzende paar Augen schauen sich an, zwei Körper die verschmelzen möchten. Sich zusammen gehörend fühlen
Nur schwer können sie sich aus Ihrer so zarten Berührung lösen. Sieglinde nimmt allen Mut zusammen öffnet den BH von Beate und tut das was sie so oft im Traum gemacht hat. Sie Küsst die wunderschönen großen weichen Brüste von Beate. Sie fühlte die Welle der Erregung die sie spüren wollte und jetzt auch fühlt. Sie fühlt die zarten liebevollen Finger von Beate zwischen ihren Beinen. Da stehen zwei Wesen, zwei Menschen die zusammen gefunden haben. Sieglinde macht sich frei und küsst Beate nun wild und verwegen. Dann nimmt sie das Sektglas in die Hand und Beate macht es ihr nach. Sie stoßen an, in der Gewissheit etwas zu tun das sie sich Beide Frauen schon immer sehnlichst gewünscht haben. Warte Kleine, wir heben uns das auf für heute Abend bei mir zu Hause auf.. Kannst du denn kommen meine Kleine, ich habe Sehnsucht nach dir". , Ja Sieglinde ich werde kommen".

Kapitel 2

Harry, liegt in dieser Zeit in seinem Hotel Bett in LA, man hat ihn quer durch Kalifornien gehetzt. Nun kann er sich das erstemal richtig erholen. Schaltet völlig ab, denkt an die wilden Tage in San Franzisko und bereut den Weg dort mitgegangen zu sein zu den Edel Nutten.

Dies ist nicht seine Welt, bezahlen für Sex macht ihm keine Freude. Es kostete nicht sein Geld er war eingeladen zu allem, so oft und soviel er wollte, was er wollte. Nach dem ersten Gang hat ihn diese Sache trotz der bildschönen Frauen nicht gereizt. Ihm fehlt seine Frau, ihm fehlt Sieglinde, ihm fehlt das spüren von Liebe, ihm fehlt bei diesen Mädchen die Hingabe. Er spürt deren Aufrichtigkeit für das viele Geld auch dieses vorzutäuschen. Aber das wiederum findet er abstoßend, er fühlt es. Er träumt von Sieglinde von dieser Prachtfrau die er so sehr liebt. Die er hinführen möchte in den Himmel der Liebe. Der er alles geben möchte, der er alles bieten möchte was das Leben hat. Er möchte mit ihr aufsteigen in den Himmel der Liebe und durch die Hölle der Liebe marschieren. Es ist immer guter und schöner Sex in Liebe mit Sieglinde. Aber er fühlt mehr als diese, träumt von mehr. Möchte sie in den Armen halten, sie küssen, wenn sie von jemand anderem geliebt wird. Wenn ein anderer in sie eindringt während er sie hält und küsst.. Er möchte es fühlen, wenn sie nahe am Zusammenbruch der totalen Liebe ist. Möchte dies mit ihr teilen, möchte dann in sie eindringen und das Werk vollenden. Harry ist sich klar darüber oder glaubt zumindest das eine Frau zu mehr fähig ist als ein Mann. Das eine Frau spielend einen Mann mit Sex erledigen kann. Deshalb hat er keine Scheu davor dies einmal für Sieglinde wahr zu machen. Auch eine zweite Frau kann er sich vorstellen neben sich und Sieglinde. Da würde er versuchen dies bei Sieglinde heraus zu finden. Nicht für sich, sondern für seine geliebte Sieglinde, er möchte ihr alles schenken und geben was die Liebe bietet. Ihr alles geben was im Leben der Liebe und der Lust der Liebe möglich ist.

Aber es wird auch für ihn so sein das ist klar, er würde sich Sieglindes Wünschen und Träumen anpassen. Er ist auf seinem Bett bei all den Gedanken so erregt das er sich hin und her wirft. Er glaubt sein Glied wird abbrechen oder explodieren. Diese Träume an Sieglinde vermögen mehr bei ihm anzurichten wie diese Frauen in den Clubs dies können. Auch dieser Traum der schon lange in ihm für viele Verwirrungen sorgte macht ihn verrückt. Aber gerade dieses verrückt sein gibt ihm immer wieder neue Kraft, dieser Wunsch Sieglinde so glücklich zu machen wie es nur möglich ist, lässt ihn oft explodieren. Harry hat keine Probleme damit sich das in seinen Träumen erlebte, dann auch selber zu besorgen. Das zu vollenden, ohne ein bisschen ein schlechtes Gewissen zu haben. Er ist danach erlöst und fühlt sich unsagbar frei. Er fühlt sich danach viel besser als in so einem Edelpuff gevögelt zu haben, egal wie schön das Wesen unter ihm war. Er hatte eine tolle Frau in der letzten Nacht, trotzdem war es lange nicht das was er in Liebe mit seiner Sieglinde erleben könnte. Dieses bisschen, die Liebe ist auch beim Sex zumindest für ihn der entscheidende Punkt. Es zerreist ihn auf seinem Bett, wenn er daran denkt was er mit Sieglinde noch alles erleben könnte. Er stellt sich mit ihr und anderen zusammen wahnsinnige Dinge vor. Er hat es längst gespürt, hat gespürt, dass seine Sieglinde auch zu anderen Dingen fähig ist. Er spürt wie sehr sie zergeht, wie sehr sie nach mehr Ausschau hält Er fühlt das sie in der Phase ist Leben zu wollen, verrücktes erleben zu wollen. Wenn dann aber nur gemeinsam. Er, Harry würde sich sehr freuen, wenn seine Sieglinde ein intimes Verhältnis mit einer Frau hat. Keinerlei Eifersucht würde in ihm aufkommen. Nur müsste er auch seinen Teil von den Spielen, vom Vergnügen haben.

Seinen Anteil an einer gemeinsamen Liebe haben. Harry schaut auf die Uhr und legt diese wieder zur Seite. Er möchte zum Telefon greifen und jetzt Sieglinde anrufen und mit ihr sprechen. Aber es ist in Deutschland 2 Uhr am Morgen. Er beschließt zu duschen und noch einmal vor seinem Abflug LA zu genießen. Wobei ihm die Stadt nichts gibt, er will ans Meer an die Luft und in die Sonne. Die kalte Dusche vertreibt alle wilden Gefühle und bringt ihn wieder auf ein normal maß herunter. Er will an den Strand von Santa Monica.

Kapitel 3

Er ahnt nicht, dass gerade jetzt, einige Tausend Kilometer weiter einer seiner Träume in Erfüllung gegangen ist. Beate klingelt mit klopfendem Herzen bei Sieglinde, sie weis nicht wie sie sich verhalten soll. Ist das alles nur ein Spiel? Was kann daraus werden, wie geht Sieglindes Mann damit um. Kann das ihre Stellung kosten, wo kann das alles hinlaufen. Beate fühlt schon lange, dass sie sich zu beiden Geschlechtern hingezogen fühlt. Sie spürt, dass auch dieses knistern zwischen ihr und Sieglinde, die fast zwanzig Jahre älter ist als sie, dass diese Zuneigung echt ist. Es ist bereits 19.00 Uhr und sie traut sich nicht auf die Klingel zu drücken. Sie ist sich nicht sicher ob dies ein Fehler sein wird. Ein zittern der Lust überkommt sie, sie findet mit diesem zittern auch den Mut auf den Klingelknopf zu drücken. Die Tür wird geöffnet und der pure Wahnsinn der Lust steht ihr gegenüber. Sieglinde mit offenem Haar, mit weit offener nur in der Mitte etwas Befestigten Bluse.

Zwei wunderschöne braune Augen, Rehaugen schauen sie an. Beate bleibt fast das Herz stehen, alle bedenken sind in dieser Sekunde über Bord geworfen. Diese Frau will sie, diesen Wahnsinn an Sinnlichkeit will sie in ihren Armen halten. Sieglinde zieht Beate liebevoll in den Hauseingang und schließt die Haustür hinter ihr. Mit einer Hand fängt sie schon an Beate zu entkleiden. Als sie das Wohnzimmer erreichten ist Beate die ebenfalls spärlich angezogen ist unter dem leichten Sommermantel, bereits völlig nackt bis auf eine winzige wunderschöne Brusthebe und ein noch winzigeres Dreieck über ihrer Scham. „ Komm meine Kleine, du glaubst nicht was für Sehnsucht ich nach dir habe. Ich wusste nicht ob du wirklich zu mir nach Hause kommst, oder ob du es dir doch noch überlegen würdest. Was wir hier tun, ist etwas, was zwischen zwei Menschen nicht jeden Tag vorkommt. Was möchtest du trinken". „ Komm, Sieglinde ich muss dich erst in meine Arme schließen um zu glauben das mein Traum endlich erfüllt wird, mit dir endlich in Erfüllung gegangen ist. Sie nehmen sich beide in den Arm und Beate Entfernt die Reste der Kleidung von Sieglinde. Nun so splitternackt schmiegen sie sich aneinander und küssen sich ganz innig. Sie spüren es beide, spüren, dass hier etwas ganz besonderes und besonders schönes beginnen wird. Sieglinde schiebt Beate zum Tisch hinüber damit sie an ihr Getränk kommen. Sie benötigen das leicht Alkoholhaltige Getränk, nicht um irgendetwas zu überwinden. Für sie Beide beginnt ein normaler und wunderschöner Vorgang, es ist die Liebe nach einer schönen Art. Eine Art der Liebe und der Sehnsüchte nach edlen zwischenmenschlichen Beziehungen, mehr als Sex. Sie stehen beide vor der Erfüllung ihrer geheimen Träume. Werden diese so sein wie sie sich das immer vorgestellt haben?.

Es wird schöner als sie es sich hätten jemals vorstellen können. Sie versinken in der schönen Musik und auf dem weichen Flokatiteppich der scheinbar extra für solche verwegenen Dinge angeschafft wurde. Sie spielen miteinander wie zwei kleine Kätzchen. Sie werden verrückt bis hin zum Wahnsinn. Sie überdecken sich ihre Körper gegenseitig mit unendlich vielen Küssen die so zärtlich sind wie dahin gehaucht. Sieglinde greift sich dann die großen kräftigen Brüste von Beate und liebkost und massiert diese. Diese wiederum vergeht in Wollust und küsst die kleinen so festen Brüste von Sieglinde und spürt mit ihren Fingern etwas tiefer wie sich die leicht klebrige Feuchtigkeit über ihre Finger ergießt. Sieglinde bäumt sich auf und spürt den Erguss der sie nach kurzer Pause der Beruhigung nur noch verrückter macht. Sie küsst sich herunter bis an die Scham von Beate und liebkost diese ebenfalls mit ihrer Zunge bis dieser kleine Nippel ebenfalls bei den zarten Berührungen zu zerspringen Drohen. Bis ihr der heiße Saft über die Zunge fließt. Beide Frauen verknoten sich in einander und kommen so noch jeweils auf 5 wahnsinnige Höhepunkte.

Bis sie so dahin schlummern vor Erschöpfung. Sich dabei ganz eng aneinander schmiegen. Erst Stunden später werden sie wach und lösen sich aus ihrer Umarmung und küssen sich, ohne irgend ein schlechtes Gefühl voreinander zu haben.

Gerade in dem Augenblick als Harry in LA das Meer erreicht hat und sich entspannt auf die Bank auf der Strandpromenade gesetzt hat und den dortigen Anblick des herrlichen Strandes geniest erfüllen sich Teile seiner Träume zu Hause.

Nichts ahnend das gerade einer seiner größten Träume wahr geworden ist.

„ Was ist mit deinem Mann Sieglinde, was ist, wenn er von uns erfährt". Er ist mein Chef, kann ich dann meinen Job verlieren?". „ Nein meine Liebe, ich habe ein gutes Gefühl, er ist ein toller Mann". „ Ja, Sieglinde das stimmt, er ist ein toller Chef und auch Mann". „ Könntest du mit uns Beiden etwas anfangen". „ Könnte schon, ich bin nicht lesbisch, ich liebe auch Männer. Du warst die erste Frau in meinem Leben mit der ich so etwas erleben durfte. Es war das schönste Erlebnis meines Lebens, schöner als bisher mit jedem Mann". „ Das freut mich meine Kleine, ich war ebenfalls noch nie so stark erregt wie heute mit dir meine kleine Beate. Es ist seltsam das meine Lust auf dich noch immer nicht verflogen ist. Aber meine Kraft reicht nicht mehr für ein neues Erlebnis mit dir. Es war toll, wir müssen schauen wie es weiter geht". „ Ich bin immer für dich da Sieglinde, wenn du mich benötigst". „ Danke, ich ebenfalls mein Schatz, ich werde immer für dich da sein. Es ändert auch dann nichts, wenn mein Mann zurück ist. Ich glaube wir drei werden eine tolle, sehr schöne Zeit miteinander verbringen". Sie beide schlafen eng umschlungen ein und kommen auch gemeinsam zu spät ins Büro. So gut gelaunt wie niemals zuvor. Liebe und Zufriedenheit schlägt sich auch auf den Arbeitstag nieder. Alles geht leichter, beschwingter von der Hand. Probleme sind viel leichter zu lösen. In der Firma ist man erstaunt über die Lockerheit ihrer Chefin, sie war immer sehr freundlich. Aber jetzt auf einmal geht sie die Dinge fröhlicher an. Keiner bemerkt etwas von der frischen Liebe zwischen Beate und ihrer Chefin.

Am späten Vormittag ruft Sieglindes Mann aus Amsterdam an, er ist dort zwischen gelandet und wird um ca. 14.30 zu Hause sein. „ Das ist prima mein Schatz sagt Sie freudig als ihr Mann anruft, ich werde dann zu Hause sein und dir etwas leckeres kochen. Du bist sicher ausgehungert nach meinem Essen nach 10 Tagen USA". „ Nicht nur nach deinem Essen meine Liebe, du fehlst mir auch sehr". „ Na, na mein lieber die in den USA haben doch auch schöne Mädchen, du wirst doch nicht 10 Tage gefastet haben". „ Du kennst doch die in Amerika, die machen beim bumsen doch noch alle Lichter aus. Das Essen die Liebe der Sex in den USA, sind nichts besonderes". „ Na, dann komm, wir werden es testen, mache dich auf etwas gefasst". „ Ich will hoffen meine Liebe das es sich lohnt nach Hause zu kommen. Ist in der Firma alles OK". „ Natürlich alles ist super gelaufen mein Schatz, keinerlei Problem". „ Dann bis später mein Schatz ich warte".

Sieglinde legt auf und geht in das Büro von Beate und haucht ihr einen Kuss auf die Wange. „ Ich muss nach Hause, Harry hat angerufen er ist in Amsterdam und um 14.30 zu Hause. Ich werde ihm etwas tolles zum Essen kochen". „ Vergisst du mich jetzt auch nicht Sieglinde?". „ Nein Beate, du bleibst mein zweit wichtigster Part, ich werde es schaffen uns drei zusammen zu bringen. Träume schon einmal davon und bereite dich darauf vor". Sieglinde fährt in den Supermarkt und beeilt sich dann Harrys Lieblingsgericht zu kochen. Immer dann wen Harry aus Afrika oder Amerika kommt ist er ausgehungert nach Eisbein und Sauerkraut. Das ganze Haus ist bereits von diesem Duft nach Kraut und Eisbein erfüllt. Sieglinde ist innerlich sehr aufgeregt mehr als sonst. Ihr Erlebnis mit Beate hat sie noch voll im Griff.

Aber als Harry, Ihr geliebter Mann dann in der Tür steht ist alles von ihr abgefallen. Sein lachen seine Art sie zu begrüßen haben sie wieder zu seiner Frau gemacht.

Ihr ist es mit einem Schlag klar, dass alle diese Abenteuer, eben nur Abenteuer sind. Es war Ihr erstes außereheliches Abenteuer seit ihrer Hochzeit und dann mit einer Frau. Es ist wie weggeblasen, da steht ihre wirklich große Liebe. Sie liegen sich in den Armen und begrüßen sich sehr lebhaft. Erst als es etwas angebrannt riecht, schreit Sieglinde auf. „ Das Sauerkraut". Sie rennt in die Küche und kann alles noch gerade so retten. Das Eisbein und das Sauerkraut sind nur leicht angeschmort und es schmeckt hervorragend. „ Das, nächste mal Liebe Sieglinde gibt es Eisbein und Sauerkraut nur noch angeschmort". Jetzt gehe ich unter die Dusche und lege mich eine Stunde in den Garten, dann bin ich wieder für dich da". „ Schlaf so lange du möchtest und es benötigst, ich mache die Küche in der Zeit fertig. Harry duscht sich ausgiebig, das warme und abwechselnd kalte Wasser machen ihn aber wieder munter. Es bewegt sich etwas in seinem mittleren Bereich, er geht so in die Küche und schmiegt sich an seine Gattin an. „ Huch was ist das, braucht der kleine Mann doch keine Erholungspause nach seiner Rückkehr aus den wilden USA". „ Komm, mein Schatz, las alles so liegen und stehen, ich und mein kleiner, haben fürchterliche Sehnsucht nach dir. Danach kann ich bestimmt besser schlafen. Komm mit und lass alles so liegen, dass läuft dir nicht weg. Sieglinde dreht sich zu Harry um und spürt während der Drehung das harte stabile etwas das sie ebenfalls so sehr vermisst hat.

Dicht aneinander gedrängt ohne den Kontakt zueinander zu verlieren gehen sie ins Schlafzimmer. Der Weg dorthin wird gezeichnet mit Sieglindes Kleidung die nun völlig überflüssig geworden ist. Es gibt 2 harte Gänge, beide schäumen über vor Liebe Sehnsucht und Sexueller Lust. Erschöpft fallen beide danach auf das Bett. Harry spürt die lange Reise und den Flug und die Zeitverschiebung in seinen Gliedern. Er fällt wie bewusstlos in einen tiefen Schlaf. Sieglinde bleibt noch länger nehmen Harry liegen, sie genieß seine Wärme und die Körperliche Kraft die aus Harry trotz der Müdigkeit strömt. Erst gegen Abend macht Sieglinde Harry wach, er hat 4 Stunden ganz tief und fest geschlafen. Nach einem Gang in der Dusche ist er wieder völlig fitt. Er kramt in seinen Reisetaschen und bindet Sieglinde eine wunderschöne Handgefertigte Indianerkette um den Hals. „ Wunderschön, Harry, so etwas habe ich mir schon immer gewünscht. Schmuck aus der Natur. Das trage ich lieber als jede Goldkette und jeden Edelstein". „ Das weis ich mein Schatz und das liebe ich so an dir, ich werde krank, wenn ich die Goldbehangenen Weiber sehe. Frau zu sein ist Schmuck genug eine schöne Frau, benötigt keinen Schmuck dieser lenkt nur von ihr ab. Sie gehen am Abend gepflegt aus zu Ihrem Haus Italiener, es wird ein wundervoller Abend und eine tolle Nacht.

Kapitel 4

Beate ist ebenfalls nach Büroschluss zu Hause angekommen. Sie denkt darüber nach, was zwischen ihr und Sieglinde geschehen ist. Sie ist mit sich selbst noch nicht im reinen, kann das ganze noch nicht einschätzen.

Ist dies reiner Sex, nur Lust an der Liebe. Es ist sehr heiß und sie geht erst einmal in die kalte Badewanne und erhofft sich Abkühlung des Körpers und Ihrer Gefühle. Sie versucht heraus zu finden was da mit ihr passiert ist. Noch nie hat sie in den Armen einer Frau gelegen, noch nie hatte sie das verlangen danach. Diese Frau hat sie einfach überwältigt. Gibt es so etwas, wenn zwei Menschen aufeinander treffen das sich solche Explosionen ereignen können. Sie Beate ist mehr als explodiert, sie spürte es Sieglinde ist ebenfalls explodiert, obwohl sie sicherlich ihren Mann liebt. Schon lange hat Beate keinen Freund mehr gehabt aber sie sehnt sich nach einem Mann, genau wie sie sich nach Sieglinde sehnt. Also kann sie nicht lesbisch sein, aber was ist es dann. Sind sie Beide verrückt?. Oder hat sie die sexuelle Tollwut erreicht. Beate hat sich ein einschlägiges Sexmagazin auf dem Weg nach Hause gekauft. Sie studiert dies jetzt in der Badewanne, sie lässt etwas warmes Wasser zulaufen. Während sie diese Sexzeitung studiert geht es ihr viel besser, wenn sie die vielen Anzeigen liest. Männer suchen Männer, Ehepaare suchen einen Mann. Ehepaare suchen eine Frau. Da sucht ein Mann eine Frau die ihn misshandelt, die gequält werden will. Da möchte eine Frau einen starken Mann der sie erniedrigt. Auf einer der Seite des Magazins sind nur Anzeigen von Leuten die gefesselt, bandagiert und gequält werden wollen. Diese Wünsche und Träume von anderen zu lesen ernüchtern sie, machen ihr klar wie normal eigentlich ihr Traum ihr Wunsch ihr tun ist. Sie legt die Zeitung zur Seite und denkt an ihre Traumfrau an Sieglinde, sie streichelt sie innerlich, fühlt ihre Hände und ihre Zunge. Sie spürt die starken Hände von Sieglindes Mann auf Ihrem Körper. Die Zunge von Sieglinde die Ihre Brüste berühren und die Spitzen zum glühen bringen, ihre Finger die an ihrer Scham spielen und die kleine Perle zum platzen bringen.

Sie spürt den Schwanz von Sieglindes Mann in sich eindringen. Die Zunge von Sieglinde an ihren Brustwarzen. Hört Sieglinde aufschreien vor Lust als der Schwanz ihres Mannes in sie mit großer Kraft hineinfährt. Beate spürt die leere in sich, das fehlen des so glühenden Schwanzes. Das aber nun durch die zarten Finger von Sieglinde abgelöst wird. Mit jedem Stoss ihres Mannes überträgt Sieglinde die Kraft und Lust in Beate hinein. Beate fühlt so als wäre der Schwanz wieder in ihr. Alles stürzt über Beate zusammen, sie droht in ihrer Wanne vor Lust und Geilheit zu ertrinken. Das ausstoßen der Wollust, das beben Ihrer Scham. Die Wollust als sich alles was sie hergeben kann in die Wanne ergießt fühlt sie sich wie ein Vulkan. Sie weis jetzt, sie Beate ist im Leben angekommen. Sie ahnt, dass es ein höllisch schönes Abenteuer wird mit Sieglinde und ihrem Mann. Ein Abenteuer ohne Schmerzen, ohne Gegenseitige Probleme. Es würde eine einfache super Lebensgemeinschaft auf Zeit sein. Ein Leben Verbunden mit einem geben und nehmen und gegenseitiger Hochachtung der Gefühle und der Personen. Sie Beate ist dazu bereit diese Partnerschaft mit den Beiden auf Zeit einzugehen. Aber alles hängt von der ersten Begegnung ab, wie wird sich Sieglindes Mann verhalten. Hoffentlich so wie sie dies gerade erlebt hat, so wünscht sie sich dies. Ein sexuelles Verhältnis der Freude der Lust ohne irgend eine Verantwortung für den anderen zu haben. Ohne jede Forderung, ein Geben und nehmen ein Leben im Leben. Sie steigt aus ihrer Wanne und trocknet sich ab, betrachtet sich im Spiegel. Sie ist nicht das schlanke Püppchen. Beate ist vollschlank mit wunderschönen großen aber wohlgeformten Brüsten ausgestattet.

Keine katholischen Brüste, Brüste die nicht auf die Knie fallen, wenn sie den BH abnimmt. Sie stehen so fest wie Melonen, im Gegensatz zu Sieglindes kleinen knallharten Brüsten sind Ihre Brüste Riesen Dinger. Aber sie Beate möchte lieber so kleine Stramme Brüste haben wie Sieglinde. Sie genießen es beide sehr, wenn diese Brüste sich berühren. Diese Gegensätze machen wahrscheinlich dies anziehende zwischen den Frauen aus. Möglicher Weise wird dies auch den Mann von Sieglinde fesseln. Beate stellt sich dies wieder vor und es kommt wieder Leben in Ihren Körper. Sie denkt daran was die Beiden jetzt wohl machen. Beate wünscht Sieglinde, dass ihr Mann sie so mit aller Kraft herkriegt und es Ihr so richtig besorgt. Sie wird es Morgen an Ihren Augen sehen, sie wird es spüren. Sie hat etwas Angst davor das Sieglinde sie darüber vergessen könnte. Aber den Gedanken verwirft sie sofort, zu sehr hat sie die Nähe von Sieglinde gespürt. Da war etwas vor einer langen, sehr langen Zeit, sie fühlt es einfach wieder die Freude am Nehmen und geben. Am liebsten wäre sie nun zu Sieglinde gefahren, aber sie spürt, das so viel Nähe ein Fehler sein würde. Auch solch ein Verhältnis benötigt eine gewisse Distanz. Sie muss, wenn es andauern soll unbedingt diese Distanz wahren.

Kapitel   5

Sieglinde und Harry machen es sich zu dieser Zeit in Ihrem wunderschönen Garten gemütlich, es ist Wochenende. Harry plant seine Reisen immer so, dass er zu den Wochenenden zu Hause ist, dann haben Sie Zeit sich zu erleben ohne den Alltag im Büro. Sie verfügen über verschiedene Plätze im Garten.

21

Sie können in die Sonne oder wahlweise in den Schatten
gehen. Eine Einsicht von Außen gibt es in das Grundstück
nicht, es ist weiträumig eingezäunt und wird bewacht von
Ihren Beiden Schäferhunden. Die Ihre Aufgabe sehr ernst
nehmen, da wird niemand übersehen der heimlich auf das
Grundstück möchte. Das gibt den Beiden die nötige
Sicherheit sich richtig wohl und ungestört zu fühlen. Nur ab
und zu schauen die Beiden Hunde einmal zu ihren Leuten
und fragen mit Ihren treuen Augen nach ob es nicht eine
Belohnung für den geleisteten Wachdienst geben wird. Sie
wundern sich heute sowieso darüber das ihr Herrchen noch
keine Runde mit Ihnen gelaufen ist. Aber die Beiden Hunde
gönnen den Liebenden die Ruhe nach der langen Pause.
Sieglinde und Harry haben sich eine breite Hängematte im
Obstgarten zwischen den besten Apfelbäumen aufgespannt.
Sie liegen ganz dicht beieinander gekuschelt und sind
glücklich und zufrieden. „ Was meinst du mein Schatz, es ist
doch toll mit uns Beiden, wir lieben uns wir verstehen uns
und mögen beinahe das gleiche. Er streichelt ihr bei den
Worten vorsichtig über die Scham. Die sich in dem knappen
Höschen überdeutlich abzeichnet. Der feste Schopf Haare
lässt die Scham größer erscheinen als sie ist. Er spürt schon
das Leben in Sieglinde kommt, natürlich regt sich auch so
einiges bei ihm. „ Ich habe darüber nachgedacht in den USA,
das Leben ist so kurz, es kann zu Ende sein im nächsten
Augenblick. Keiner weis wann und wo es zu Ende geht. Wir.
Meine Liebe Sieglinde sollen unser Leben   intensiver
führen". „ Wie meinst du das Harry?, Bist du nicht zufrieden
mit deinem Leben?". „ Doch sehr sogar, weil ich so zufrieden
bin möchte ich dir aus dieser Zufriedenheit heraus mehr
geben alles geben was möglich ist.

All das geben was unsere Liebe aushält und verträgt, dir alles Geben was du dir sehnlichst wünscht. Ich möchte dir alles geben was du möchtest, wonach du Sehnsüchte hast. Ich möchte dir alles geben was du magst und möchtest". Sie dreht sich um zu ihm hin, es ist nicht einfach in der Hängematte zu tun. Harry hat längst gespürt wie sehr seine Finger Tätigkeiten und die Andeutung Sieglinde erregt hat. Er ist auf der richtigen Spur, er will erfahren was sie für Träume hat, was er ihr alles bieten kann. Er selbst ist zu allem bereit, zu allem was ihr Spaß und Freude machen würde ohne jedes Tabu. Nur muss er erst einmal herausfinden was Sieglinde Spaß machen würde. Er weis, dass er sich jedem Wunsch seiner geliebten Frau mit seinen Wünschen anpassen kann. Alles würde auch seinem Leben etwas bringen, er denkt dabei natürlich auch an sich. Nichts kann langfristig gehen ohne etwas zu zerstören, wenn nicht beide Partner absolut dahinter stehen. Er kennt viel seiner Freunde die mit ihren Frauen in die Swinger Clubs fahren und dort die wildesten Dinge treiben. Seine Freunde sehen zu, wenn Ihre Frauen von anderen Männern so richtig durch gevögelt werden. Wenn ihre Frauen es mit anderen treiben. Die Frauen schauen zu, wenn es ihre Männer mit anderen treiben, wie immer es kommt. Diese Paare fahren dann nach Hause mit dem Gefühl etwas tolles erlebt zu haben dem Alttag wieder einmal entflohen zu sein. Das versteht Harry, aber es ist nicht sein Ding, dass ist ihm nicht anonym genug. Er will bei allem seine Frau bei sich haben im Arm haben und sie spüren. Will sie im Arm halten sie liebkosen, egal was sie möchte und was tut. Sie wollen es gemeinsam erleben. Er muss aber herausfinden ob diese Gemeinsamkeit des Erlebens verrückter übermütiger Dinge möglich ist.

Oder ob Sieglinde lieber eigenen Wege ohne ihn gehen würde, etwas erleben und machen möchte ohne ihn. Er würde es auch akzeptieren sollte es ihr Wunsch sein. Sieglinde hat inzwischen den richtigen Platz in der Hängematte gefunden, sie hat Harrys Glied zwischen Ihre zarten Finger bekommen. Sie spürt das jetzt ihr Augenblick für ihre Träume gekommen ist. Harrys Finger streicheln immer noch die nun etwas angeschwollene Scham von Sieglinde. Es scheinen zwei Menschen in den Einklang ihrer Träume und Vorstellungen zu kommen. „ Mein Schatz, es ist so schön mit uns Beiden, ich möchte dir mehr geben alles geben was du dir wünscht um glücklich zu sein?“. „ Ich bin mit dir glücklich mein Schatz, schöner kann es nicht sein“.

„ Meine liebe Sieglinde das weis ich, ich möchte wissen was du für Träume hast, wo führen dich deine sexuellen Träume hin ?. Ich möchte dir dahin folgen. Ich möchte alles was nur möglich ist mit dir erleben und teilen. Aber dazu musst du dich innerlich völlig Freimachen und mir deine Wünsche Erklären“. „ Was wünscht du dir den mein Schatz, was möchtest du machen, oder was denkst du was ich für Gedanken habe“. „ Das endet immer hier mein Schatz, weil niemand sagen möchte was er wirklich will und möchte, weil er den anderen nicht vor den Kopf stoßen will. Deshalb mache ich es dir leichter, ich eröffne dir einige meiner Ideen, einige der Dinge die ich mir selber wünsche. Dinge, die ich mir für dich vorstellen könnte“. „ Na dann los mein Schatz, du fängst an, vielleicht traue ich mich dann auch“. Gut meine kleine, ich möchte dich manchmal so wild machen das du jede Hürde überspringst und alles das tust was dir Freude macht“. „ Sie kneift in sein strammes Glied und zeigt ihm damit das es ihr gefällt und drückt auch etwas ihre Scham gegen seine Hände.

Er soll mehr tun mehr streicheln und mehr mit ihr reden. Es ermutigt ihn tatsächlich, er spricht leise und vorsichtig weiter. „ Ja ich möchte dich ganz geil machen, so das wir den Verstand verlieren, ich möchte dich in den Armen halten und dich von einem anderen so richtig durchficken lassen. Dich dabei Küssen dich streicheln. Wenn die anderen verschwunden sind, dir den Rest geben. Oder du kennst meinen ewigen Traum den Traum aller Männer mit zwei Frauen zu schlafen. Ich möchte zusehen wie eine Frau dich verwöhnt, alles aus dir heraus holt. Dich nach allen regeln der Kunst vernascht. Ich dann dabei bin, wenn ihr es wünscht". „ Ja ruft sie ja, sie kneift und drückt seinen Schwanz. Komm steck ihn rein, ja Fick mich, ja das will ich. Vielleicht auch das andere aber das mit der Frau das will ich sofort will ich es. Komm Fick mich, Fick mich jetzt. Ich ertrage den Gedanken daran nicht mehr, hältst du mich fest, wenn mich die andere mich leckt, wenn du mich fickst. Du die andere fickst, währen ich von ihr geleckt gestreichelt und verwöhnt werde. Hältst du mich, wenn alles über uns herein bricht, alles über uns zusammenbricht". Harry ist erstaunt über diesen gewaltigen Ausbruch seiner Frau. Er dreht sie auf die Seite und schiebt seinen fast platzen wollenden Schwanz in sie hinein. Sie schwimmt bereits, bevor er in sie eingedrungen ist, er stößt in eine glühende feuchte Wunde. Es macht alles leichter und glitschig, sie stürzen aus der Hängematte und machen auf dem Rasen weiter. Es wird die heißeste Nummer ihrer Ehe ihres zusammen Lebens. Es zeigt das genau dieses Gespräch etwas ist was ihnen noch zu ihrem Glück gefehlt hat. Es werden tolle innige 60 Minuten bis beide erschöpft und ganz glücklich auf dem Rasen sinken.

Auch danach halten sie sich lange in den Armen und drücken sich. Sie fühlen beide das sie in Ihren Träumen angekommen sind. Sie sprechen jetzt ganz normal über die zweite Frau die dritte Person. Das wundert auch sie, es zeigt ihnen das sie es sich alle Beide sehr gewünscht Haben. Das sie es alle beide mit der Verwirklichung der Wünsche ernst meinen.

„ Oh mein Schatz, sind wir wieder schlimm, aber das erstaunliche ist das ist geblieben, ist nicht wie normal nach dem Abgang alles verschwunden ist. Es zeigt das wir dies wirklich wollen. Aber nun kommt das schwierigste, jemand zu finden der mit uns ist, bei uns ist". „ Ja mein Schatz das ist das schwierigste, aber ich habe da bereits jemanden für uns beide". „ Einen Mann oder eine Frau?". „ Eine Frau, eine die du kennst, wollen wir es wagen". „ Wer ist diese Frau?", Frage nicht du wirst es erleben, wenn es so weit ist. Ich glaube es könnte klappen". „ Weist du was mein Schatz, wir ziehen uns jetzt an und fahren etwas Essen, bei Piero unserem Italiener". „ Eine gute Idee mein Schatz, Sex macht hungrig, aber auch hungrig auf mehr Sex. Sie spüren alle Beide das hier in Ihren Köpfen etwas geboren wurde was nicht mehr zurück zu drehen ist. Da ist etwas was sie beide wollen das sie anspornt, das ihrem Leben wieder neue Flügel gibt. Mit glänzenden Augen sitzen sie bei Piero der sich über die Beiden Gäste immer freut, Piero ist einer der wenigen Italiener der es versteht ein Steak für einen Deutschen zu machen, ein Steak das besser schmeckt als bei jedem Argentinier.

Sie haben einen wundervollen Abend, voller Träume dann auch noch zu Hause. Sie sind dem Wahnsinn nahe, sie haben etwas erreicht an das sie nie geglaubt haben zu diesem Schritt fähig zu sein. Es geht aber auch nur wenn man sich der Gegenseitigen Liebe sehr sicher ist, wenn man Gefühle Preis geben kann. Wenn eine große Liebe solche Träume ermöglicht und sie bei jedem Schritt begleitet. Jeder Genuss des anderen ist auch für den anderen ein Genuss, ein Erlebnis. Was wäre es für ein Leben, wenn das vertrauen in der Welt über all so wäre, wenn alle Paare sich so vertrauen würden. Harry und Sieglinde liegen stolz und sich an den Händen haltend im Bett. Sie sind stolz auf sich, sie haben den ersten Schritt geschafft. Sie können ganz frei und locker darüber reden. „ Wann möchtest du sie kennen lernen?. „ Wir können ein tolles Wochenende machen, hier bei uns, lebt sie alleine „. „ Ja noch, ich werde mit ihr sprechen, ich denke sie sagt ja". Gut dann las es uns vorbereiten, eine tolle Party zu dritt". „ Im Haus Harry, oder draußen". „ Bei dem Wetter lieber draußen, wir leben hier doch ziemlich ruhig und können uns fast alles erlauben. Rudi, kommt Morgen und bringt das Schwimmbecken in Ordnung, dann können wir auch einmal ins Wasser". „ Gut mein Schatz, nun wollen wir schlafen, du bist sicherlich erschöpft, mich hast du heute auch völlig geschafft. Es ist doch seltsam was einen solche Gedanken für einen Auftrieb bringen. Schlaf schön mein kleiner und Träume von zwei Frauen". Harry ist schon entschlummert und ist im Traum bei den Beiden Mädchen. Der andere Tag wird ein verrückter Arbeitstag, so einiges ist liegengeblieben für Harry. So ist es ihm auch nicht aufgefallen das seine mit Geschäftsführerin Sieglinde nicht in ihrem Büro ist.

Sondern sich mit ihrer Mitarbeiterin Beate zwei Kaffe außerhalb des Büros gönnt. Dort Verkehren sie zwar per du aber ohne näheren körperlichen Kontakt. Sie wollen nicht als lesbisch gelten, obwohl sie nicht wissen ob sie es wirklich sind. „ Was ist meine Liebe, was meint dein Mann zu uns. Wie ich an deinen Augen sehe hast du es ihm gesagt". „ Ja meine liebe ich habe es ihm gesagt". „ Und was hat er gesagt". „ Du wirst es nicht glauben, wir starten am Wochenende die erste Party zu dritt. Nur wir drei". „ Weis dein Mann das ich dein Liebes Mädchen bin". „ Nein, ich glaube der kennt dich nicht einmal, denn du arbeitest ja für mich und im anderen Gebäude". „ Das ist schon einmal gut, warum ging das so schnell". Ich kenne meinen Mann gut, auch wenn er es immer verborgen hat und nur dann darüber spricht, wenn er wirklich super Geil ist. Er hätte immer gern etwas für mich getan und dazu gehört der Sex mit 2 Frauen". „ Ja, du hast recht das ist wohl der Traum eines jeden Mannes, wollen wir es ihm erfüllen". „ Ja das wollen wir, ich glaube wir werden dieses Wochenende nie vergessen". „ Wenn du nur halb so gut bist wie mit mir alleine wird es ein Fest, es ist doch etwas anderes Liebe nur zwischen 2 Frauen als einen Mann dabei zu haben". „ Strengen wir uns an meine Liebe, du hast freie Hand bei meinem Mann es gibt kein Tabu und keine Eifersucht. Nur vergesse mich nicht dabei". „ Ich bin jetzt schon verrückt auf diese dreier Runde können wir nicht schon heute beginnen". Ihre Brustspitzen sind zum Unterstreichen der Situation bereits stark angeschwollen. Aber auch bei Sieglinde kribbelt es deutlich sichtbar, nur etwas kleiner, dafür aber härter. „ Was wollen wir uns zum essen machen ``?. Wir kochen doch nichts, wir lassen uns was tolles bringen. Wir wollen uns doch nur mit dem einen beschäftigen".

„ Nur mit dem einen, na ja, wenn schon denn schon". Ich mache noch einen Riesen Pott Bowle, dann brauchen wir nur aus dem vollem zu schöpfen". „ OK meine Liebe, brauchst du Hilfe". „ Nein Danke er soll dich erst am Abend sehen, wenn du um 20.- Uhr erscheinst ist es gerade richtig. Für diesen Zeitpunkt bestelle ich auch das Essen. Jede Menge Salate und kalte Fleischplatten". „ Das ist super ich bin um Punkt 20.00 Uhr an der Klingel und du machst mir auf, nicht dein Mann, sonst laufe ich gleich weg". „ Na, du willst doch nicht auf den Abend verzichten und mir meinen Mann alleine überlassen. Ich brauche auch dich, du bist das wichtigste". „ Das will ich doch hoffen mein Schatz, aber ich bin sicher, wir drei passen super zusammen. Du, wir alle werden den tollsten Sex den man sich vorstellen kann haben". „ Es kommt auf den Beginn an, wie ist dein Mann, soll ich mich von der schüchternen Seite zeigen. Ist er der Typ der gern Frauen verführt oder will er verführt werden". „ Ich glaube er braucht seine Zeit, las ihm diese Zeit du wirst spüren wann er so weit ist. Ich glaube er fällt aus seinem Häuschen, wenn du mich zärtlich berührst. Das wird ihn in Wallung bringen, das hat er sich schon immer gewünscht. Wir werden die Sache starten in dem wir uns ganz vorsichtig näher kommen". „ Oh Sieglinde, ich weis nicht was los ist mit mir, ich könnte jetzt schon mit dir ins Bett gehen, dich streicheln und liebkosen. Ich glaube ich kann es ebenso genießen, es zu spüren wie dein Mann dabei zusieht und langsam verrückt wird. Wie er dazu kommt und uns Beiden abwechselnd in die Scheide fährt. Hat er ein schönes Glied". „ Ja. Beate, er hat das wunderbarste Glied, du wirst deine Freude haben, wenn er in dich eindringt. Komm, wir müssen aufhören ich werde schon wieder feucht. Seit meiner Jugendzeit habe ich nicht mehr solche Erlebnisse gehabt.

Ich giere nach unserem Zusammentreffen. Jeder Augenblick ist erfüllt mit den Sehnsüchten danach. Mir geht es ebenso, ich kann es nicht erwarten". „ Komm,!, Beate wir machen Schluss, ich fahre jetzt alles einkaufen für die Bowle und bestelle das Essen. Kalte Fleischplatte und Salate, ist das auch OK für dich?. „ Ja, das ist eine super gute Idee. Ich bin dann Morgenabend Punkt 19.00 Uhr an deiner Haustür. Muss ich etwas zu dir mit bringen?", „ Nein ich habe alles da, du bleibst dann selbstverständlich auch am Sonntag bei uns". „ OK, irgendwelche scharfe Klamotten, ich habe da so einiges". „ Ja, meine Liebe, bring bitte mit was du selber gern anziehst. Ich ziehe meine leichte schwarze Kleidung an mit dem kurzen Korsett mit Strapsen". „ Gut dann nehme ich mein rotes mini Kleidchen mit, oben offen". „ Ja. Oben offen ist gut, er wird auf deine herrlichen Brüste abfahren wie ein D-Zug". „ Ich hätte lieber deine kleinen Brüste und so strammen Brüste, du brauchst niemals einen BH, nur einen als Zierde". „ Das wir so unterschiedlich sind macht es zwischen uns aus und macht die Sache so schön". „ Ich kann es immer noch nicht fassen, was wir da begonnen haben. Wir reden miteinander als würden wir uns schon ewig kennen. Ich habe das Gefühl du bist bereits ein Teil von mir". „ In einer Weise stimmt dies ja, wir gehören jetzt schon zusammen". Sieglinde schaut auf Ihre Uhr. „ Ich muss los meine Liebe, sonst wird das Morgen mit dem Essen nichts, ich bestelle dies bei unserem Stamm Italiener, der versteht sich auf Fleisch und leckere Salate. Hast dun einen besonderen Wunsch?". „ Nein meine Liebe ich las mich überraschen. Auch mit der Bowle, das mache wie du es denkst". „ Gut dann bis Morgen ca. 19.00 Uhr". „ Das sagst du so, ich weis nicht wie ich es bis dahin aushalte.

Ich werde mir zwei Bücher holen um mich abzulenken. Aber ich muss auch noch in den Garten, da werde ich abgelenkt sein. Am Samstagabend um 19.00 Uhr klingelt Beate an der Haustür von Sieglinde, sie hat völlig weiche Knie. Kennt der Mann von Sieglinde sie bereits aus der Firma?. Wird das alles so funktionieren wie sie sich beide das vorgestellt haben. Endet vielleicht alles in einem Fiasko. „ Schatz ich gehe schon an die Tür, sie wird es sein ". „ Das ist OK, Liebling mach du Ihr auf, dann könnt ihr Euch direkt bekannt machen?, Beate weis über uns Bescheid und freut sich wie wir auf diesen Abend". „ So, Beate heißt die junge Dame?". „ Keine Bange mein Schatz sie ist etwas schüchtern, sei vorsichtig mit ihr". „ Ich weis nicht meine Liebe wer mehr Angst vor dem zusammentreffen hat, ich oder unsere Freundin, deine Freundin". Auch Harry geht es vor dieser ersten Begegnung nicht anders als es Beate geht. Er hat auch etwas weiche Knie. Es ist etwas anderes, als wenn man einem normalen Besuch öffnet. Jeder der Beiden weis was anstehen soll, keiner weis ob es wirklich gehen wird. Es gibt bisher nur Wünsche und Träume. Harry öffnet die Tür. „ Hallo liebe Beate, kommen sie herein, meine Frau hat schon viel von ihnen erzählt. Wir erwarten sie mit großer Freude. Beate reicht dem Mann den sie bereits aus der Firma kennt, der ihr Chef ist die Hand. Eine warme freundliche Hand und ein Mann, der eine sehr angenehme warme Stimme hat, die sehr beruhigend auf sie wirkt. Harry bemerkt das diese junge Frau genauso aufgeregt ist wie er. Das macht ihm Beate noch sympathischer als ihr erster angenehmer Anblick macht.. Donnerwetter denkt Harry, das hat meine liebe Sieglinde aber super ausgewählt. Sieglinde kommt nun hinzu und nimmt Beate in den Arm.

Na da bist du ja mein Schatz, siehst du es war nicht so schlimm. Harry ist ein lieber Kerl, der es aber auch faustdick hinter den Ohren hat. Bitte las dich von seinem lächeln nicht täuschen". „ Sieglinde, was soll das werden, bin ich ein Unmensch. Nein das Gegenteil du bist der liebste Kerl den ich kenne, kommt jetzt ich habe den Tisch schon im Garten gedeckt. Piero war wie immer äußerst pünktlich und hat alle die Leckereien wunderbar auf dem Riesen Gartentisch angerichtet. Während sie speisen lernen sie sich bereits kennen und sehr schätzen. Harry ist ein angenehmer Gesprächspartner, wirkt nicht aufgesetzt, nichts an seinem verhalten deutet darauf hin was hier abgehen soll. Es ist klar zu erkennen, jeder versucht sich von seiner besten Seite zu zeigen. Lange zieht sich das Essen so hin. Beate und Sieglinde räumen den Tisch ab während Harry die Getränke bereit stellt und die schweren Töpfe mit Bowle auf den Tisch hebt ohne einen Tropfen von dem kost barem Nass zu verschütten. Es dauert länger bis die Frauen wieder erscheinen. Ihr erscheinen haut Harry fast vom Hocker. Sie kommen beide daher wie die Prinzessinnen aus den Erotik Katalogen. Zwei Traumhafte Frauen, eine schöner als die andere. Komm mein Schatz las dich küssen, du siehst traumhaft aus. Er nimmt Sieglinde in den Arm und ist von der Wirkung des Anblickes der Beiden Frauen förmlich überrollt. Noch nie hat er zwei so schöne, unterschiedliche Frauen gesehen. Zwei Frauen die Ihm heute gehören könnten, die er heute lieben könnte. Er kann es nicht fassen, es scheint wahr zu werden. Man träumt es oft und lange aber dann, wenn es wirklich wahr wird dann ist man überrascht. Er ist überrascht von der Wucht mit der Ihn dieser Anblick und diese Möglichkeit diese Erwartung getroffen hat. Ihm wird es schwindelig vor Wollust.

Sieglinde hat längst Beate heran geholt die sich nun an die Beiden drängt. Sie alle kommen ins taumeln, sie alle sehen ihre Träume verwirklicht. Sie passen so sehr zusammen so wie sie sich das nicht in den schönsten Träumen vorstellen konnten. Sie sinken sich in die Arme, Sieglinde holt Beates Brüste aus dem winzigen BH, küsst und liebkost diese. Fährt mit einer Hand an Harrys Glied das Steif und fest in der Hose steht. Sie knöpft seine Hose auf und führt Beates sträubende Hand an das Glied ihres Mannes. Dieser bemerkt sofort die unruhige zögernde Hand. Die dann immer fester zupackt und ihn dann bald alles voll im Griff hat. Mit Hochgenuss an diesem herrlichem Stück spielt. Er küsst und damit dann mit ihrem Mund kuschelt und spielt. Harry küsst Beate dabei in den Nacken, es ist eine herrliche Situation. Alle drei sind verrückt und angespannt und geil. Sieglind lockert die Runde ein wenig, weil diese so auch unbequem ist. Nun haben wir uns etwas bekannt gemacht, nun mache das du ins Haus kommst Harry und zieh dir auch etwas lockeres an". „ Ja das mache ich, aber erst wenn ich alle vier so herrlichen Brüste geküsst habe. Er küsst erst die Brüste seiner Frau, die wieder einmal so stramm stehen. Selbst der Vorhof ist angeschwollen, die Brustwarzen stehen darauf wie zwei Soldaten. Wenn dies der Fall ist weis Harry dann ist seine Frau verrückt nach Sex.. Das ist Sieglinde schon den ganzen Tag, sie hat sichtlich große Mühe sich zurück zu halten. Beate geht es nicht besser, sie weis das hier mit einem Schlag das Erlebnis ihres Lebens auf sie wartet. Während Harry nun auch Beates Nippel auf den herrlichen Riesen Brüsten küsst und Sieglinde Beates Scham streichelt, klammert sie sich mit beiden Händen an Harrys knallhartem Schwanz. fest. „ So Kinder Schluss jetzt, das war die Begrüßung mehr gibt es später".

Noch jeder ein Glas Bowle und dann macht sich Harry schön für uns Frauen". „ Was soll ich anziehen mein Schatz?". „ Am liebsten nichts, so ist für uns alles einfach zu erreichen. Zieh dir aber das T Shirt über, dass ohne Ärmel, aber keinerlei Hose bitte". „ OK, meine lieben, alles was ihr wollt". Es dauert ein wenig muss mich auch noch duschen?". „ Nein wir gehen gleich in den Pool". „ OK". Die Hunde die sie bisher umlagern werden noch von Harry in Ihren Zwinger gesperrt. Harry geht nach oben und macht sich dann so wie von den Mädchen gewünscht landfein   Er ist im Traum seiner Wünsche und Träume angelangt, er ist nun ganz sicher das es der tollste Abend seines Lebens wird.   Die Mädchen halten sich im Arm und jede hat ein Glas der wunderbaren Erdbeerbowle in der Hand.   Sie Beide Spüren ebenfalls das dies Heute ein gelungener Abend für alle wird. „ Du hast einen tollen Mann, wie dieser dies alles toleriert, wie locker er damit umgeht". „ Komm, meine kleine ich muss deine Brüste Küssen. Sieglinde drückt Beate leicht auf den Tisch, legt diese ganz lang und liebkost ihr den ganzen Körper. Beate ist kurz vor dem Punkt zu zerspringen aber Sieglinde bricht rechtzeitig ab. Es soll ein langer Abend werden meine Liebe, es könnten noch viele Orgasmen folgen. Auch ihr Mann versteht sich darauf diesen Orgasmen zu unterdrücken. Sie möchte jetzt sein Glied von hinten spüren während sie Beate liebkost. „ Komm endlich", sagt Beate ich muss dich auch erst einmal küssen und lecken. Sie wechseln die Plätze und Sieglinde liegt nun auf dem Tisch während Beate ihre Brüste küsst und auf und abgeht mit Ihrem Mund. Einmal die Brüste und einmal die Scham küsst. Auch Sieglinde ist in kürzester Zeit kurz vor der Explosion".

„ Halt, halt. las uns warten, wir wollen erst den Schwanz meines Mannes spüren, wir wollen öfter kommen als nur einmal, aber zusammen, alle zusammen". Beate gibt Sieglinde wieder frei, sie greifen nach ihren Gläsern und schütten sich bereits das dritte Glas Bowle ein. Harry kommt aus dem Haus, der Stand seines Gliedes hat sich wieder verfestigt diese Aussicht auf den Sex seines Lebens hat den kleinen standhaft gehalten, auch wenn dieser zwischendurch abgedankt hatte. Aber nun ist er wieder voller Erwartung dabei. Die beiden Hunde schimpfen kurz mit Harry, weil sie im Zwinger bleiben müssen. Heute Jungs habe ich keine Zeit für euch, später las ich euch wieder heraus. Harry geht durch den Garten zu den Mädchen die sich prächtig unterhalten und einen schönen kleinen Vorsprung haben.. Komm mein Schatz las dich begutachten ob alles OK ist. Harry stellt sich neben Sieglinde die auf die Knie fällt prüfend seinen Schwanz in den Mund nimmt. Ja alles OK, sauber und richtig scharf.. Gerade passend für zwei geile kleine Mädchen. Harry scheint das Glied fast zu platzen, ein Kopf ist dicker als der andere. Beate rückt heran mit Ihrem Stuhl und nimmt Sieglinde den Schwanz aus der Hand. Ja ein Prachtstück hast du da Harry, sie nimmt diesen ebenfalls in den Mund und spielt dabei mit den Händen mit Harrys Eiern. Sieglinde hat sich die Brüste von Beate geholt und lutscht an den Spitzen die sich zu großen Stahlschrauben aufbauen. Das bewundert Sieglinde an Beates Titten im Besonderen diese großen Stahlschrauben die sich sofort aufbauen, wenn man an den Brüsten spielt. Harry krault so scharf geworden wie eine Granate den beiden Frauen mit einer Hand an der Scham und mit der anderen in den Kopf Haaren. Spielt mit Ihren Ohren und kann so eigentlich nicht mehr tun als genießen und ist kurz vor dem sterben.

Die Mädchen genießen dies auch. Sie lutschen abwechselnd Harrys Schwanz.. Harry spürt schon in welchem Mund gerade sein Schwanz ist. Beate ist da etwas ungeübter als Sieglinde, oder einfach nur verrückter auf sein Glied. Alles ist etwas schmerzhafter, wenn Beate ihn im Mund hat, aber es ist trotzdem unsagbar schön. „ Kommt Mädchen, wir suchen uns einen besseren Platz, Sieglinde hat doch schon etwas vorbereitet. Aber erst muss ich mich etwas Beruhigen und euch beide mit dem trinken Einholen. Harry gießt allen die Gläser voll und leert seines mit einem Zug und schüttet sich wieder nach. Die Bowle schmeckt hervorragend und ist super kühl. Die Mädchen haben sich schon auf den vorbereiteten Platz zurückgezogen. Sie spielen mit sich selbst und Harry hat sein Traum Erlebnis. Er kann zusehen wie man es seiner Frau Sieglinde so richtig besorgt. Sieht wie sie sich dreht und wendet, wie sie ihren Orgasmus bekommt. Wie sich wendet und Beate mit dem Mund an die Scham geht, sieht wie diese sich ebenfalls aufbäumt und ihren Orgasmus bekommt. Die beiden Frauen beruhigen sich und beginnen ganz zärtlich wieder damit sich zu streicheln. Sie können es immer noch ertragen, nach einer kleinen Pause sind ihre Überreizungen wieder abgeklungen. Sie nehmen die neuen Zärtlichkeiten wieder mit großem Genuss auf, diese beiden sind heute die Liebesmaschinen. Aber das ist nur möglich, weil alles so zusammen passt. Harry kann es kaum glauben aber die Situation macht es möglich, sie sind alle so scharf wie Rasierklingen. Die Frauen sind so zart miteinander wie kaum ein Mann dies vermag. Sie rufen nach Harry, ruhig, ganz ruhig, setzt er sein Glas ab, das er bereits zum dritten mal geleert hat. Nur nicht aufregen nur nicht zu früh kommen, er will alles den ganzen Abend bei vollem Bewusstsein erleben.

Er will alles spüren alles wissen alles fühlen alles sehen und miterleben. Beate liegt auf Sieglinde zwischen den Beinen von Sieglinde und leckt dieser voller Wollust die Scham, bringt die kleine Liebesperle fast zum platzen. Streichelt dabei mit den hochgestreckten Händen Sieglindes Brüste. Hält Beate in Schach deren Körper sich wie wild aufbäumt. Sieglinde krault Beate voller Lust in den Haaren. Sieglinde spürt die Gefühle die in Beate beben. Dieses beben dieses Gefühl in Beate machen Sieglinde Wahn sinnig, sie ruft nach Harry. Dieser hat die Not das verlangen seiner Frau erkannt und fährt Beate von hinten hinein in die herrliche glitschige feuchte Scheide. Diese bäumt sich auf vor Wollust, ist kurz davor wirklich den Verstand zu verlieren. Harry spürt wie auch Sieglinde von jedem seiner Stöße in Beate erschüttert wird. Sein glühender Schwanz scheint in diesem Loch sterben zu wollen, er stößt immer wieder zu. Stoppt und wartet, nein es darf nicht kommen. Er muss auch noch Kraft für Beate aufheben, es gelingt ihm sein Geschütz in Schach zu halten. Ganz langsam in kleinsten Tropfen geht ihm einer bei diesem Wahnsinn ab. Die richtige Dosierung, nicht der volle Schub. Beate wirft sich zur Seite, Sieglinde dreht sich auf den Bauch, zieht Ihre Knie an und hält nun fordernd Harry ihren Po entgegen. Harry schaut auf Sieglindes schönen Po auf Ihren Rücken fühlt was da unter ihm los ist. Beate tobt neben Sieglinde und angelt nach Sieglindes Scham und Sieglindes Brüsten um diese zu liebkosen. Sieglinde wiegt ihren ganzen Körper stöhnend in der Woge der sie überkommenden Lust. Lustvoll bäumt Sieglinde sich auf und schreit, Fick mich, Fick mich mein Schatz. Bitte Fick mich endlich Harry. Harry führt sein strammes Glied ein, schon dabei kommt seine geliebte Sieglinde ins toben, sie kommt mit einem Aufschrei.

Stößt Harry von sich herunter und rollt sich zu Beate. Die mehr vor Erschöpfung fällt als sie sich legt. Beate hat sich wieder erholt wird von Sieglinde zu Harry gestoßen. Harry dringt von oben herunter tief und knallhart in Beate ein. Die vor Lust aufschreit als sie das Glied spürt. Sich jetzt in die Brüste von Sieglinde verkrallt die nun neben ihr liegt. Sieglinde wendet sich Beate zu und küsst diese während Harry Beate wie wild vögelt. Er hat den Punkt erreicht an dem er weiter machen kann immer weiter machen kann. Beate, ruft genug, genug". Komm, komm noch einmal noch einmal zu mir", ruft Sieglinde. „ Harry ich liebe dich", schreit sie auf als Harry noch einmal in sie hinein fährt. Harry spürt wie der Saft aus ihr heraus läuft, spürt wie sehr sie geschafft ist. Er spürt das Beate wieder nach ihm angelt und spürt auch Sieglindes Hände die beim einführen in Beate sein Glied unterstützen. „ Mach mein Schatz, Fick Beate, zeige es ihr, zeig was du kannst. Harry schaut auf die beiden Frauen neben und unter sich. Er kann sein Glück kaum fassen, diese so geilen Weiber. So sagenhaft schönen Körper sind nur für ihn da. Er schiebt mit aller Macht und mit großem Druck seinen Schwanz der noch immer knallhart ist bei Beate ein. Er spürt wie diese sich aufbäumt bei jedem seiner Stöße aufschreit, schreit vor Lust. Harry sieht wie die Beiden Frauen sich dabei küssen während er zustößt und immer wieder zustößt, während seine Hände die Titten der Frauen suchen. Er ergreift einmal die kleinen strammen so wilden Brüste, dann einmal die anderen großen strammen Melonen. Harry scheinen die Sinne zu schwinden die Kraft zu verlassen. Die Geilheit scheint ihn fast zu verschlingen, da bricht Beate unter ihm ein, öffnet die Beinschere mit der sie Harry umschlungen hatte. Lässt ihn frei, drückt sich ganz dicht an Sieglinde heran.

Die Frauen umschlingen sich. Sieglinde angelt nach Harry und zieht diesen zu sich und Beate herunter. Abwechseln saugen sie nun Harry aus, der unter seiner Geilheit fast zusammen bricht. Alle drei liegen danach für fast eine halbe Stunde wie tot nebeneinander aber ihre Körper ganz eng zusammen gefügt. Dann langsam anfangen sich zu bewegen zu streicheln sich wieder spüren sich zu fühlen. Es kommt wieder Leben in alle drei. Zärtlich krault und streichelt Harry beide Frauen, vergeht dabei fast wieder vor Lust. Er hat es wieder einmal geschafft, hat seine Geilheit seinen Orgasmus so unterdrücken können das er nun so weiter machen konnte. Dies mehrfach wiederholen kann. Er spürt die Mädchen waren ebenfalls geschafft sind aber auch schon wieder bereit für den letzten Schuss?. Aber auch mehr ist möglich, an ihm sollte es heute nicht liegen. Beim nächsten mal kann er es dann laufen lassen kann uns sich seiner Geilheit ergeben.. Er kann sich jetzt einfach auf den Rückenlegen, sich neben die so wunderbaren Frauen legen und sich ergeben oder mehr zu erleben Es gelingt ihm nicht immer, aber er weis das seine Frau es auf 5 Orgasmen bringen kann bevor sie wirklich völlig erschöpft ist. Er hat Angst vor dieser Situation heute, die einen besonderen Sexgenuss bringen würde. Würde er es schaffen seine Träume seine Sehnsüchte unter sich glücklich zu machen. Zwei Frauen in den Händen, würde er die Kraft haben sich so zu beherrschen. Es ist eine Sache von Sekunden von einem großen Willen. Er ist froh er fühlt das er es heute schafft, er wird diese Beiden Weiber heute befriedigen können und in den Wahnsinn treiben. Sein Schwanz steht noch immer wie eine eins. Die Frauen bewundern den armen Kerl und küssen diesen und lassen nun zur Entspannung diesen von einem Mund in den anderen wandern.

Sie fangen schon wieder an vorsichtig Sex zu machen. Sieglinde möchte etwas besonderes, möchte Beate lecken und mit ihren Titten spielen und Harry soll sie von hinten vögeln auch in den Po nicht nur in die Scheide. So richtig kräftig durchvögeln bis sie schreit. Dann kommt Beate dran. Diese wünscht sich wieder Sieglinde von oben küssen zu dürfen und Harry sollte auch sie dabei von hinten vögeln. Aber nicht so zimperlich, sie möchte richtig bedient werden, nicht so zart wie es Sieglinde wünscht. Sie liebt es zum Schluss knallhart, sie wissen alle das dieser Gang für heute der letzte sein würde. Beate legt sich wie gewünscht und Sieglinde geht ihr mit dem Mund zärtlich in die Scham von Beate und mit den Händen liebkost sie ihre Titten die zu platzen scheinen. Die Vorhöfe haben sich regelrecht aufgeblasen, darauf stehen die herrlichen Schrauben harten Türmchen die bei jeder Berührung von Sieglinde zu platzen scheinen. Berührungen die Beate in Schwingungen bringen. Komm Harry, sagt Sieglinde, komm Fick mich. Gib es mir in den Po und in die Fotze. Harry der glaubte es sei Ruhe eingetreten ist froh darüber, das seine Stange trotz der Strapazen noch betriebsbereit ist. Er schiebt seinen stahlharten Schwanz in die glühende Öffnung von Sieglinde. Die schreit bei jedem Stoss und verpasst dabei immer Beate einen Stoss mit ihren Fingern in deren Scham. Harry reißt sich zusammen, kneift die Zähne zusammen, nur nicht kommen lassen, nur nicht verrückt werden. Er will es Beate auch noch besorgen, wen er jetzt abspritzt ist es vorbei. Dieser Frauen Po dieser Rücken, dieses Gefühl diese Frau von hinten zu ficken die Arschbacken die er küssen möchte. Das aufbäumen seiner Frau die er noch nie so geil gesehen hat, macht ihn umso verrückter. Die beiden Frauen machen es ihm schwer, es nicht einfach laufen zu lassen, sich einfach zu ergeben

Er muss es mit der Hand mit Gewalt Abrücken, es gelingt ihm. Sieglinde fällt mit einem Aufschrei von Beate und rollt sich aus dem Weg. Sie zuckt und schreit vor Wollust. Beate dreht sich um und hält Harry ihren hintern hin. In den Po schreit sie in den Po Fick mich in den Po. Harry tut wie ihm gesagt der Po öffnet sich, es geht etwas schwerer Sieglinde ist plötzlich wieder bei ihnen, hilft plötzlich mit, sie hilft mit etwas Öl nach. Es geht und Harry vögelt die Geile Beate ebenfalls in den Hintern. Es steigert auch für ihn eine besondere Wollust, das ist ebenfalls für ihn etwas neues. Er spürt das er plötzlich Dinge zu erreichen scheint an die er normal nicht heran kommt. Noch nie hat er Sieglinde so verrückt gesehen, sie war genauso verrückt wie Beate dies jetzt ist. Beate ist außer sich vor Lust so wie es Ingrid vorher war. Vermutlich kommt er nur so in dieser Stellung an Reizgegenstände an den berühmten G Punkt, den er bei Ingrid auf normalem Wege nicht erreicht hat. Wenn man es nicht probiert merkt man so etwas oft ein Leben lang nicht und verzichtet damit auf viele Lustgefühle. Komm, komm ruft Harry zu Beate von der er spürt das es so richtig gekommen ist, er will sich dessen versichern. „ Ja, Harry du kannst, spritze ab, spritze ab. Harry macht dies und hat seinen fünften und letzten seinen einzigen richtigen Abgang der Ihn alle Kraft verlieren lässt. Sie, legen sich ganz eng zusammen, bleiben draußen liegen, dort wo sie fast vor Geilheit ohnmächtig geworden sind. Sie haben alle drei den Sex ihres Lebens erlebt, wissen nicht ob sich dies jemals wieder wiederholen lässt.. Sie schlafen bald ein, währen der Mond die drei erschöpft schlafenden bewacht. Erst gegen Morgen als es kühler ist verschwinden sie im Haus in ihren Betten. Beate legt sich mit in die Ehebetten der Beiden und beansprucht die Mitte.

Sie wäre Gast und hätte das Recht mal hier und mal dorthin zu fassen. „ Hattest du nicht genug mein Schatz, ich bin geschafft fasse überall an aber nur nicht bei mir ich muss schlafen. Sie dreht sich um und ist weggetreten. Harry hat dies Gespräch nicht mehr mitbekommen und schläft erschöpft ein. Beate muss zwischendurch immer wieder bei Harry anfassen. Sie muss wissen wie sich so ein starkes Glied anfühlt, wenn es so klein ist so zart und ungefährlich aussieht. Sie staunt wie sehr die Natur so etwas verwandeln kann. Von einem Riesen großem strammen Ast in eine winzig kleine zarte Wurst, mehr Pelle als Wurst. Die nun in jede Streichholzschachtel passt. Aber sie kann sich auch nicht mehr lange halten und schläft auch fest ein. Sie ist auch die letzte die am anderen Morgen aufsteht, Harry und Sieglinde haben bereits einen großen Spaziergang mit Ihren Hunden in den nahen Wald gemacht als sie Beate dann zum späten Morgen zum Frühstück wecken. Geh du hoch Küss die kleine wach Harry, ich decke so lange den Tisch. Willst du das nicht lieber machen, Sieglinde". Mach du nur mal schauen was sie sagt, wenn du ihr die Titten küsst". „ Wenn du meinst, mache ich das". „ Harry du hast sie gestern erst gefickt, dann wird sie sich doch nicht aufregen, wenn du ihr Heute die Titten küsst". „ Ich weis nicht ob ich schon wieder kann". „ Harry du sollst vor dem Frühstück nicht schon wieder mit andern Frauen ficken, Titten küssen habe ich gesagt, zärtliches küssen, Beate zärtlich und lieb auf wecken. So das sie auch Lust hat wieder zu uns zu kommen. Harry das war die schönste Nacht meines Lebens, ich danke dir dafür. Hättest du mich nicht so bearbeitet wäre es vielleicht nie so weit gekommen und ich bin froh darüber. Wir haben soviel neues entdeckt nur bei diesem einen mal.

Nun, sieh zu das du hoch kommst ich habe Hunger. Beeilt euch und keine Dummheiten ohne mich. Denkt daran der Tag ist noch sehr lang und ich möchte das du noch einmal die Sache mit mir von hinten in den Po machst. Harry ich muss es bewusster fühlen, muss es erleben ob das wirklich soviel besser ist. Nun ab und werde nicht schon wieder verrückt, wenn du diese Titten siehst. Ehrlich Harry, mich machen diese schönen Titten auch verrückt". Harry geht nach oben und weckt Beate wie es ihm von seiner Frau gesagt wurde. Es vergehen nur wenige Sekunden bis Beate schon wieder den Schwanz von Harry im Mund hat.. Sie hat sich das Ding ganz einfach geschnappt als Harry ihre bereits strammen Nippel küsste. Aber Harry ist standhaft erst duschen und Frühstücken dann sehen wir weiter. Er öffnet ihr kleines Nachthemd und küsst und saugt an ihren Titten zum richtigen wach werden. Beate ist wach zu wach und will gleich wieder dort weiter machen wo sie Gestern aufgehört hat. Sieglinde brüllt hoch, „Kaffe trinken ich habe Hunger, es wird noch nichts ohne mich gemauschelt". Die Beiden springen aus dem Bett. Wo sie Recht hat, hat sie Recht, wir haben noch den ganzen Tag Zeit für wilde Dinge. Harry beeilt sich nach unten zu kommen und Beate geht unter die Dusche das kalte Wasser holt sie wieder etwas herunter von ihrem Sex Baum auf dem sie schon wieder ganz oben ist. Sie hat so etwas auch noch nicht erlebt. Durchgehend geil, sie hat das Gefühl als wäre etwas in Ihrem Getränk gewesen. Das gleiche Gefühl haben auch Sieglinde und Harry. Noch nie waren sie so ausgelassen und so durchgehend Verrückt. Diese Geilheit scheint nie zu verschwinden, sie haben gerade die Augen offen und denken schon wieder an verrückte Sachen. Es scheint aber, das neu, das ungewöhnliche zu sein.

Die ungewöhnliche Situation die alle drei in den Bann gezogen hat. Dieses Gefühl der Gemeinsamkeit, dieses Gefühl der Lust aufeinander und Miteinander ist über alles bestimmend. „ Liebe Mädchen, was machen wir heute mit dem frischen Tag?". „ Wir fahren an die Elbe, ich brauche Wasser, Leben, Liebe". „ Was denkst du Sieglinde, bist du auch der Ansicht von Beate". „ Ja, das könnte Gut sein, ich denke ansonsten bekommst du keine Ruhe hier im Garten. Wir sind noch so aufgebracht wie Gestern, wir sind schon wieder auf vollen touren". Sie geht dabei zu Beate und knöpft dieser die Bluse auf und holt sich lachend die herrlichen Brüste heraus und küsst die Nippel, diese werden sofort wieder stramm. Siehst du mein Schatz so sieht das mit uns aus. Beate hat sich längst auch der Brüste von Sieglinde bemächtigt und küsst diese ebenfalls wieder in den scharfen Zustand von Gestern zurück. Mit den Händen sind Beide wieder an der Scham. „ Mein Gott beschütze mich vor diesen geilen Weibern". „ Du wolltest es so Harry, nun zeig was du drauf hast". Ab auf die Decken, euch werde ich es geben, aber erst will ich euch beide noch einmal genießen, los Mädchen, ich will sehen wie ihr es euch macht. Dann gebe ich euch Beiden geilen Hühnern den Rest. Mit euch kann ich nicht mithalten, ich habe meinen Saft sonst verspritzt bevor ihr Beide befriedigt seid. Harry hat noch nicht ausgesprochen da liegen die Mädchen auf der Decke und sind dabei es sich gegenseitig selber zu besorgen. In der Tat hat Harry alle Mühe das ihm sein Ding nicht um die Ohren fliegt. Er ist inzwischen ebenfalls so Geil das er glaubt er verliert den Verstand. Er muss sich mit Gewalt zurückhalten um nicht in die Mädchen hinein zu fahren.

Aber diese zärtlichen stöhnenden Frauenkörper treiben ihn in den Wahnsinn. Es ist schlimmer als er sich das jemals vorstellen konnte, aber diese beiden Frauen sind ein Klasse für sich. Die beiden Frauen Beherrschen sich und ihre Körper wie er das nie erahnt hat. Sie gehen in ihrer gemeinsamen Geilheit richtig auf zerfließen völlig in ihrer Lust. Sie erledigen die Angelegenheit mit Harry fast auf diesem Weg. Der Wahnsinn hat nach ihren Herzen nach Ihrer Lust gegriffen. In diesem Wahnsinn ist sehr viel Liebe. Denn ohne Liebe gegenseitiges verstehen kann man solch eine Lust nicht Erzeugen und Erleben. Komm Schatz komm, steck ihn rein, mache uns beide satt. Harry zögert, er spielte mit dem Gedanken den Beiden seinen Saft über den Rücken Po, den ganzen Körper zu spritzen. Auf ihre Titten und Scham zu spritzen. Er hat eine wahnsinnige Lust dazu, er ist wie von sinnen, hat Angst das er mit der ersten Berührung der glühenden Dinger der Mädchen sein Schwanz platzt und er sie tatsächlich vollspritzt. „ Mädchen ich komme aber ich kann für nichts garantieren". Er schiebt seinen Schwanz in die glühende Scham seiner Frau Sieglinde, die ebenso wie Harry aufbrüllt vor Lust. Das hatte Sieglinde noch gefehlt um zum super Ende zu kommen. Sie leckte in diesem Zustand die Scham von Beate und reagierte überhaupt nicht auf ihre Rufe, das alles OK ist. Sie spürt wie Beates Saft über ihre Zunge läuft. „ Spritz, Harry spritz, los ich kann auch nicht mehr. Los spritz". Harry machte noch zwei Stöße da kommt auch bei ihm die Befreiung. Alle drei rollen zur Seite und umarmen sich und halten sich eine lange Zeit fest. Wieder dieses so große Gefühl glücklich zu sein. Sie diese drei sind eins. Erst 30 Minuten später rappeln sie sich auf.

„ Los, geile Biester ab in den Pool, dann, fahren wir an die Elbe und gönnen uns das beste Mittag Essen der Welt. Scholle mit Kartoffelsalat. Ich brauche etwas Abstand und Ruhe glaube ich. Sie rücken nochmals kurz zusammen und streicheln sich ihre Körper ganz zärtlich. So das auch keiner in der Liebe zu kurz kommt, es soll eine gemeinsame Liebe sein. Ein Erlebnis der Gemeinsamkeit. Eine halbe Stunde später sitzen sie im Cabrio, singen sind lustig und sind auf dem Weg ans Wasser. Das Wetter ist so hervorragend geblieben und tut das seine am Vergnügen mit Ihnen. Oberhalb von Dresden suchen sie sich einen ganz ruhigen Platz, sie genießen die Ruhe. Liegen auf ihren Decken und entspannen sich. Schauen den Schiffen auf der Elbe zu. Den Menschen auf den Schiffen, sie genießen den Tag so richtig. Sie rücken dicht aneinander und erzählen sich wie super schön dieses Wochenende ist mit diesem wahnsinnigen neuen Sex den sie kennen gelernt haben. Alle drei sind sehr zufrieden mit diesem Wochenende und man beschließt dies bald zu wiederholen. Es ist natürlich allen drei klar das dies kein allgemeines Rezept ist Liebe wieder aufzufrischen. Es muss eben alles zusammen passen und es darf keinerlei Eigensinn dabei sein. Der Gemeinsinn, das Wohl des jeweils anderen muss immer im Vordergrund stehen. Kinder, ich muss in dieser herrlichen Aussicht noch einmal die vier schönsten Titten der Welt küssen und ich will auch einmal eure Scham schmecken und mit der Zunge spüren". „ Komm Harry bedien dich, wir freuen uns auf deine Zunge, wenn diese halb so gut ist wie dein Schwanz, dann leg los". Die Frauen legen sich auf den Rücken und schieben ihren Rock hoch.

Harry schaut sich erst einmal um. Sie sind immer noch allein und man kann diese stelle nicht so einfach einsehen. Er schiebt die beiden Frauen auseinander und geht in deren Mitte. Streichelt die Brüste, küsst die Brüste und küsst sich runter zur Scham. Fängt mit der Scham von Beate an. Ein gewaltiger Wuschelkopf streckt sich ihm entgegen. Er benötigt etwas Zeit, bis er das richtige Knöpfchen mit der Zunge findet. Aber dann wird die Perle in Sekunden schnelle hart, er spürt das aufbäumen ihres Körpers. Er geht mit der anderen Hand an die Scham seiner Frau. Diese hat sich längst seitlich zu Beate gedreht und spielt mit dem Mund an deren Riesen Brüsten. Beate ihrerseits hat nur die Hände für die Brüste von Sieglinde frei. Sie streichelt diese im Takt in dem Harry sie unten herum wieder zum Wahnsinn treibt. Dieser Zustand von Beates Geilheit spornt Harry und Sieglinde an. Sie geben es Beate gemeinsam so richtig. Sieglinde selbst ist so verrückt setzt sich vor Beates Gesicht und lässt sich ihre Scham lecken in dem sie auf Beate hockt. Harry streichelt ihr dabei über den Po und fährt vorsichtig mit dem Finger hinein. Er spürt wieder den Wahnsinn. Er liegt zwischen den Beinen von Beate und bekommt kaum noch Luft. Der Knoten bei den Frauen platzt. Sie bäumen sich auf und fallen zur Seite, keine schreit diesmal nach Harrys Schwanz und so spritzt er den Beiden alles über Ihre Busen und fällt neben Sie. „ Mein Gott was für ein Wahnsinn", denken alle, mehr Sex in 2 Tagen als sonst in einem Monat. „ Harry bitte hole die Handtücher aus dem Auto, du hast uns ja schön eingesaut". „ Mach ich mein Schatz, muss ich mich erst anziehen oder kann ich so gehen". „Das wird dir nichts mehr nützen ich denke das du in den nächsten Stunden keine einzige noch so schöne Meid mehr schaffst und dein Hansel schon lange nicht mehr".

„ Na gut dann ziehe ich mich an, aber so klebrig rumlaufen ist doch auch sehr schön". „ Für dich vielleicht du Blödmann, komm Lauf endlich los, bevor wir hier völlig zusammen kleben". Wenig später stehen sie gesäubert vor einem Restaurant und führen über drei tolle Steaks und Kartoffeln und viel Brokkoli wieder Kräfte nach, Sie scherzen und lachen noch lange im schönen Biergarten. Scholle und Kartoffelsalat gibt es zum Bedauern von Harry dort nicht. Diese drei hatten das schönste Wochenende ihres Lebens, sie werden es sicher nie vergessen. Wie es weiter geht, bitte im nächsten Buch von

IHRE

Sylvia Kosanke

Man könnte denken ich war dabei, warten Sie ab was für tolle

Geschichten über Liebe und Sex ich noch zu berichten habe.

Kein schöner SEX ist ohne gegenseitige Liebe und Achtung

Möglich.

www.ingramcontent.com/pod-product-compliance
Lightning Source LLC
Chambersburg PA
CBHW060949050426
42337CB00052B/3272